VÉRITÉS

SUR LE

SOCIALISME

PAR

UN ANCIEN ÉCONOMISTE.

Tout ce qui reluit n'est pas or.

PRIX : 50 Centimes.

PARIS

TYPOGRAPHIE DE WITTERSHEIM, 8, RUE MONTMORENCY.

1849.

 DU SOCIALISME.

Le Socialisme joue un rôle si important à cette époque; l'on a si souvent abusé de son nom, en substituant le langage de l'intérêt et de la passion à celui de la vérité, qu'il semble y avoir autant d'à-propos que d'utilité, à mettre sous les yeux du public, le plus possible de notions exactes à ce sujet.

Avant la révolution de février, malgré les nombreux abus qui existaient déjà, et les déplorables conséquences qui menaçaient d'en découler, la science économique ou sociale était le partage exclusif d'un très petit nombre d'hommes laborieux, animés de l'amour de la vérité et des améliorations pratiques.

Non seulement cette science, comme tout ce qui est positif, exige des connaissances réelles, mais elle n'offrait alors en France rien à gagner, sinon beaucoup de fatigue en échange d'une ombre de considération.

La révolution, en transportant brusquement l'économie sociale des paisibles retraites de l'étude, dans le domaine brûlant de la politique et de la spéculation, en a fait une *arme dangereuse* entre les mains imprudentes *d'une myriade de socialistes improvisés.*

Qui pourrait s'étonner de l'immense perturbation que la révolution de février a produit dans les esprits, ainsi que dans les faits, conséquemment des ambitions désordonnées qu'elle a tout à coup soulevées, puisque ce n'est jamais impunément que dans la nature s'élève et se déchaîne un terrible ouragan ? Il a suffi de trois jours à celui de février, pour déraciner et jeter aux vents l'antique institution de la monarchie française, vainement retrempée dans l'élément constitutionnel, pour ébranler presque toutes les fortunes et remettre en question des millions d'existences.

Alors on vit l'utopie, empruntant le nom de socialisme, offrir de guérir les maux auxquels elle avait puissamment contribué ! N'y avait-il pas extravagance à croire que la vertu de la parole pourrait relever des ruines, comme s'il ne fallait pas des années de sacrifices pour réparer l'œuvre de destruction que la foudre peut accomplir en quelques instans ?

On fut presque autorisé à supposer que quelques utopistes, en passionnant et égarant les classes souffrantes, cherchaient à exploiter la situation, et à renouveler sous une forme plus sinistre, sur le terrain de la politique, les saturnales industrielles de l'époque néfaste de la mystification des actionnaires.

A la place des prospectus dorés promettant des bénéfices chimériques, ce fut avec des systèmes inédits qu'on se fit fort d'enrichir le pays, par la solution des plus difficiles questions sociales, oubliant que la sécurité, la probité et le travail, sont les premières bases de la richesse nationale.

Aussi longtemps que la probité, qui est le véritable intérêt de tous, ne sera pas un lien disciplinaire généralement accepté, tant que l'intérêt personnel dominera le patriotisme, tant enfin qu'il existera d'un côté des hommes honnêtes, crédules et ignorants, de l'autre côté des hommes rusés et peu scrupuleux, cette exploitation de l'homme par l'homme, la seule qui bien réellement mérite ce titre depuis l'abolition de l'esclavage et du servage, continuera à partager la société en deux catégories distinctes, celle des dupes et celle des exploiteurs ; la crédulité sera toujours un fonds inépuisable pour l'habileté des spéculateurs ; les moyens seuls varient suivant les circonstances.

Il faut en convenir, le charlatanisme étant malheureusement la grande plaie de notre époque industrielle, il était naturel de récolter ce qui avait été semé.

Peu de temps avant la révolution de février, un spirituel académicien, membre de la Chambre des Pairs, effrayé de l'avenir politique du pays, fit entendre ce cri d'alarme : « La légalité nous tue. » Cette sentence fit sensation parce qu'elle était juste, en ce sens que les charlatans savent assez le Code civil pour contourner habilement la loi, ou passer à travers le tissu législatif.

Cependant, si l'honorable orateur, au lieu de s'arrêter au point de vue d'un pouvoir étroit et mal inspiré, se fût écrié : L'intrigue, la corruption, le charlatanisme, dessèchent les sources vitales du pays, il eût fait entendre la vérité tout entière ; vérité d'autant plus triste, qu'elle renferme la principale cause de la décadence de la France.

Entraîné d'abord dans le tourbillon de la spéculation, puis plongé à l'improviste dans la tourmente révolutionnaire, chacun y perdit plus ou moins son équilibre moral ; d'ailleurs certaines situations donnent le vertige : c'est ainsi que des hommes de talent comme littérateurs, mais ignorant les premiers éléments de la science économique, ont pu se faire de bonne foi les illusions les plus extraordinaires et prétendre au rôle de réformateurs, ou au moins de véritables socialistes, à commencer par M. Louis Blanc, l'éloquent avocat du droit au travail, droit imprescriptible, que depuis la création du monde chacun en naissant apporte au bout de ses bras, et qui n'exige d'autre solution qu'un pays tranquille et prospère, c'est-à-dire bien administré.

Peu après ce colosse du socialisme, parut un improvisateur de même force en matières financières, industrielles et commerciales.

A l'enflure de son style dogmatique, les lecteurs crédules se sentirent disposés à le croire sur parole, et à voir en lui un nouvel Atlas capable de porter le monde sur ses robustes épaules.

La chute de ce Titan socialiste n'en fut que plus solennelle. A peine descendu des hauteurs nuageuses de l'inspiration, de l'antinomie et du syllogisme, pour entrer dans le domaine vulgaire de la pratique industrielle, voyageur téméraire, il s'égara dans ce labyrinthe, dont sa main inexpérimentée chercha vainement à retrouver le fil conducteur.

Pourquoi aussi, avec l'orgueil de régénérer et d'enrichir la France au moyen du crédit gratuit, M. Proudhon avait-il été fouiller dans les rebuts de l'industrie, pour en exhumer la Banque d'échange, qui déjà depuis 25 ans, avait été inutilement colportée chez les capitalistes, comme une amorce avantageuse pour pêcher des actionnaires.

Puis vint enfin M. Considérant, qui tenta d'imposer comme un puissant dérivatif aux difficultés de l'époque la réalisation de son phalanstère, préconisé depuis plusieurs années avec un talent digne d'une meilleure cause.

Cette panacée socialiste n'était encore, hélas! qu'une vieille nouveauté: depuis plus d'un siècle il existe dans la Souabe, en Moravie et dans le grand-duché de Nassau, des espèces de phalanstères, sous le titre de frères Moraves, sociétés composées d'hommes honnêtes et laborieux, ne s'occupant que des intérêts de leurs communautés et n'ayant rien à démêler avec la politique et le gouvernement de leur pays.

Si le phalanstère n'a pu s'implanter en France, même à titre d'essai, dans les plus modestes proportions, on doit en conclure qu'il est peu sympathique aux mœurs et aux besoins du pays, puisque même M. Cabet, le communiste, a trouvé de l'argent et des disciples pour tenter de fonder son Icarie dans un autre hémisphère.

Jamais ces diverses entreprises n'auraient eu un retentissement aussi prodigieux, sans le désordre des circonstances et des esprits, et surtout si la spéculation n'eût possédé le levier du journalisme, *prospectus quotidien* que la répétition de semblables écarts finirait par discréditer.

Toutes les religions, toutes les doctrines nouvelles ont eu leurs hérésies, leurs utopies, leurs pharisiens, leurs faux docteurs, aussi bien que des sectateurs consciencieux. Il eût donc été miraculeux que la France, à une époque de bouleversement social, se fût trouvée affranchie des faux socialistes. Aussi peut-on constater que, dans l'ardeur des réformes sociales depuis 1848, comme dans la fougue de la spéculation depuis 1834, le faux l'a de beaucoup emporté sur le vrai; heureusement qu'à d'autres époques, c'est la vérité qui a dominé le mensonge.

La religion chrétienne dissipa les erreurs du paganisme par la parole et par les œuvres, qui ont une bien autre éloquence ; les bonnes doctrines, la charité et la persuasion, furent les seules armes du Christianisme.

L'école philosophique, qui illustra le XVIII* siècle et prépara la révolution démocratique et sociale de 1789, eut d'immenses abus à détruire. Quand arriva le moment d'achever son œuvre en renversant le vieux monument social du privilége, qu'elle avait si fortement ébanlé, pour construire à sa place l'édifice nouveau de la France démocratique, ce ne fut ni le nombre ni le mérite des architectes qui fit défaut. Cependant, alors aussi des démolisseurs, animés du seul génie de la destruction, imprimèrent par leurs coupables excès des taches indélébiles à cette grande révolution, basée d'abord sur des principes éternels de justice et d'humanité.

En présence du monument démocratique et social élevé par les fortes mains de nos pères, et qui a permis depuis soixante ans au flot de la démocratie de couler à plein bord en France, ce n'est pas d'un plagiat ridicule et monstrueux de ce que la révolution de 1789 a eu de plus funeste, que ce pays agricole et industriel pouvait avoir besoin, quand au contraire il réclamait et réclame encore des améliorations pratiques et pacifiques, seules capables de ramener et d'augmenter sa prospérité.

Si la nouvelle école socialiste, qui n'a absolument à résoudre que des questions économiques entièrement du ressort de la science pratique, a si souvent fait fausse route, il faut l'attribuer à l'influence des passions et des intérêts qui agitaient les hommes qui l'ont envahie tout à coup et qui étaient fort instruits sans doute, mais sur toute autre chose que sur l'économie sociale.

A côté du débordement de systèmes dont la France a été subitement inondée depuis seize mois, il y a trois faits incontestables de la plus haute importance : la révolution de Février, le suffrage universel et l'accroissement de la misère.

Assurément de semblables faits demandaient et appellent encore le concours de la science économique.

D'abord, parce que la révolution de Février, qui, en réalité, n'a été ni pu être qu'une violente mutation de la locomotive gouvernementale, s'est trouvée contrainte par la force des choses de s'assimiler *la réforme économique et morale* dont le pays avait manifesté un besoin général incontestable dès le commencement de 1847.

En second lieu, parce que par le suffrage universel, ce n'est plus avec trois cent mille électeurs seulement qu'il y a à compter, mais avec onze millions.

Enfin parce que la misère est aux nations ce que la phthisie est aux individus.

Le but de la science sociale ou du véritable socialisme consistant, au moyen du bon équilibre des ressources d'un pays, à augmenter le bien-être général de ses habitants, et le faux socialisme se couvrant du même drapeau, le parallèle des deux doctrines facilitera leur appréciation respective.

LE VRAI SOCIALISME.	LE FAUX SOCIALISME.
1° Le vrai socialiste ne reconnaît qu'un seul pouvoir, le pouvoir légalement constitué ; qu'un seul parti, celui de la majorité légale ; qu'un seul intérêt, celui du pays.	1° Le faux socialiste ne voudrait que d'un seul pouvoir, celui dont il serait le chef ; qu'un seul parti, celui de ses adhérents ; qu'un seul intérêt celui de son parti.
2° Sans autre ambition que de faire triompher l'intérêt général, sans autre culte que celui de la vérité, il attaque l'abus partout où il se trouve, en haut et au milieu aussi bien qu'au bas de l'échelle sociale.	2° Avec l'ambition de faire triompher son utopie n'importe à quel prix, il attaque le pouvoir, la supériorité, la richesse ; en même temps il adule et il égare les classes malheureuses au lieu de les servir.
3° Avec le désir de détruire l'abus partout où ce parasite existe, afin de l'empêcher d'étouffer l'intérêt légitime, il démontre son origine, son développement et ses ravages, il sait que plus un champ renferme d'ivraie, moins il produit, et de même, que plus une nation est grevée d'abus, moins elle prospère.	3° Au lieu de se borne à combattre les abus, il propose des remèdes pires que le mal ; et offre l'image d'un laboureur qui, pour extirper l'ivraie de son champ, foulerait aux pieds le bon grain, ou bien encore d'un chirurgien, qui, en voulant pratiquer une saignée, au lieu de piquer légèrement la veine, aurait la maladresse de couper une artère à son malade.

4° Il n'argumente qu'avec des faits et des chiffres que chacun peut vérifier, ne fait d'expériences qu'à ses propres frais, et ce n'est qu'après avoir constaté des résultats, qu'il les livre à l'appréciation du public, étayés des moyens dont il s'est servi.

4° Il n'argumente qu'à grand renfort de mots, il invente, emprunte ou rapièce un système quelconque et prétend l'expérimenter avec l'argent d'autrui.

5° Le véritable économiste sait que la famille, la propriété et la religion sont les bases de l'édifice social chez tous les peuples civilisés, que cette base, reposant sur l'instinct inné de l'immense majorité des hommes bien organisés, aussi bien que sur l'expérience pratique incontestable *des siècles*, l'édifice social ne pourrait pas plus exister sans cette base qu'un monument sans des fondations.

5° Le faux socialiste ne se préoccupe que de son système et ne s'embarrasse pas des institutions, des mœurs et des habitudes des nations ; inflexible comme son système, il prend l'humanité pour un métal en fusion, que le premier venu peut tenter de couler dans n'importe quel moule nouveau et bizarre.

6° Il sait que l'inégalité de fortune, d'intelligence, de vertu et de beauté, est une condition inséparable de l'humanité, dont l'esprit d'émulation est le plus bel apanage; par conséquent que l'égalité forcée des fortunes ne pourrait s'accomplir que par la violence et l'abrutissement, crime d'autant plus révoltant, que cette prétendue égalité ne pourrait subsister pendant 24 heures, aussi longtemps que l'habilité, la bonne conduite et le travail seront supérieurs à l'ignorance, l'inconduite et l'oisiveté.

6° Il sait fort bien que l'égalité parfaite en ce monde ne peut exister que devant la loi, et que rien n'interdit au dernier des citoyens d'atteindre aux sommités de la fortune et des honneurs, puisque les preuves vivantes s'en rencontrent à chaque pas : mais le partage lui parait plus commode et plus court que de travailler pour acquérir. Il est probable que s'il s'était donné la peine d'acquérir en travaillant, ses opinions à l'égard du partage forcé ne seraient plus les mêmes.

7° Il n'insulte point le capital, dont au contraire il cherche à favoriser l'accroissement, la circulation et l'expansion au profit de tout le

7° Il injurie le capital, et rien ne prouve qu'il refuserait de posséder le plus possible de cet infâme capital ; il est certain qu'il ne s'adresse

monde ; en même temps il a soin de rappeler aux hommes ces divines paroles du Christ. « Aimez-vous les uns les autres et ne faites pas à autrui ce que vous ne voudriez pas qu'il vous fût fait. »

8° Le véritable économiste critique l'intervention de l'Etat dans l'industrie, parce que dans les pays bien administrés le crédit privé, incomparablement plus riche que l'État, peut accomplir facilement, au moyen de l'association, toutes les améliorations dont le besoin se fait généralement sentir ; de plus, l'industrie particulière opère mieux, plus promptement et à meilleur marché ; enfin, parce que logiquement et moralement, le rôle exclusif de l'État, doit se borner à être le tuteur vigilant et impartial des intérêts généraux ; une époque révolutionnaire peut seule conseiller la violation temporaire de ce principe, en faveur des exigences impérieuses du moment.

9° Il sait que le pays le plus riche et le plus heureux est celui qui travaille le plus, le travail étant une source plus intarissable de bénéfices que la possession de toutes les mines d'or et d'argent du globe, greffée sur l'oisiveté : aussi sa plus constante préoccupation est-elle d'étendre, par le débouché, les limites du travail et d'en améliorer les conditions.

qu'aux plus mauvaises passions, dans l'espoir de se créer des auxiliaires et une force.

8° Le faux socialiste, confond et amalgame perpétuellement les attributions et les intérêts, solidaires mais distincts de la société et de son gouvernement : aussi recommande-t-il à chaque instant l'intervention de l'État dans les institutions de crédit.

9° Il ne craint pas de commettre un crime de lèse-humanité en soulevant les passions, poussant à la violence, troublant l'équilibre, amoindrissant les richesses par la diminution du travail, résultat inévitable des publications subversives et du manque de confiance qu'entraîne le désordre.

<table>
<tr>
<td>

10° Enfin le vrai socialiste, sûr du triomphe définitif de sa cause, attend avec calme que la lumière se fasse et que l'heure des réformes pratiques arrive légalement: l'expérience lui a démontré que la réalisation des vérités profitables aux intérêts généraux n'est qu'une question de temps.

</td>
<td>

10° Enfin le faux socialiste montre peu de confiance dans la valeur de ses systèmes et de ses arguments, puisqu'il n'espère les faire triompher qu'à l'aide de la force brutale, c'est-à-dire par l'oppression du droit et de l'intérêt général, au moyen de la surprise et de la violence.

</td>
</tr>
</table>

Nous croyons devoir compléter cette rapide esquisse du socialisme par un bref exposé des conditions essentielles de l'équilibre social et gouvernemental.

Dans la lutte impie et incessante des intérêts privés contre l'intérêt général, on ne saurait trop mettre la vérité en relief et à la portée de tous les intéressés, car avec la confusion extrême qui règne dans les esprits, le plus grand nombre, semble ignorer encore les véritables intérêts du pays et même ses intérêts personnels : c'est ce qui fait la force de ceux qui cherchent à les exploiter.

N'importe d'où viennent le mensonge, la mobilité et l'illégalité, dès qu'ils usurpent la place de la vérité, de la stabilité et de la légalité, ils détruisent forcément l'équilibre en poussant au delà du milieu qui a pour base les principes fondés sur l'intérêt général.

En France, où malheureusement les contradictions pullulent, au lieu de s'en prendre directement aux abus, on les accepte assez facilement ; pendant longtemps on les supporte avec patience ; bien plus, le nombre de ceux qui cherchent à en profiter est considérable : puis tout à coup quand souffle avec furie le vent de la réaction, la colère du peuple, au lieu d'être dirigée contre les abus, est généralement exploitée et employée à élever des hommes nouveaux sur les débris des institutions fondamentales du pays. Pendant longtemps, même avec le nouveau pouvoir, les anciens abus trouvent le moyen de se perpétuer : heureux encore quand il ne s'en produit pas de plus grands !

Sur ce vaste *Échiquier* qui se nomme la France, et où il serait tout aussi injuste et absurde de proscrire la liberté, en haine légitime de la licence et de l'anarchie, ou bien encore de condamner le principe de l'association, au lieu de flétrir ceux qui ont eu l'indignité d'en abuser, il importe essentiellement d'aborder promptement, courageusement et sérieusement la réforme des abus, afin qu'ils ne servent plus de grief légitime ou de prétexte aux agitateurs, et de ne pas laisser plus longtemps les destinées du pays et les existences individuelles des citoyens, exposées aux caprices trop coûteux des loteries politiques.

Si une fois les abus étaient déracinés, et toutes les cases de l'Échiquier défendues par des principes d'intérêt général, de manière que tout le monde indistinctement, ne pût impunément passer au-dessus ni au-dessous, ni au delà de la barrière légale, alors si telle ou telle pièce, telle ou telle case, devaient dans l'intérêt général être déplacées ou modifiées, l'existence de tout ce qui se meut sur cet Échiquier ne s'en trouverait plus, comme jusqu'à ce jour, ébranlé, menacé, compromis.

Pour quelques milliers d'ambitieux qui profitent des misères publiques et qui les fomentent, il y a près de 36 millions d'existences qui sont intéressées au bon ordre, à la stabilité et à la prospérité du pays, et cependant c'est parmi ces dernières que les premiers trouvent toujours leurs instruments et leurs dupes éternelles!!

Il suffit d'un coup d'œil général sur le passé de la France pour se convaincre combien sont malheureux les peuples gouvernés par l'instabilité des passions et des intérêts privés, au lieu de l'être par des principes inflexibles reposant sur l'intérêt général.

Le peuple français a gémi pendant une longue suite de siècles sous le joug également dur du servage, du despotisme et de l'arbitraire.

Ensuite à partir de l'ère démocratique de 1789, il a eu à supporter d'abord les convulsions de l'enfantement laborieux de la liberté; après cette terrible crise, les sacrifices de sang et d'argent imposés par 22 années de guerre terminées par deux invasions du sol de la patrie par les armées coalisées de l'étranger; enfin les 35 dernières années, époque favorisée d'une paix continue, ont été consacrées à l'industrie, ainsi qu'à l'apprentissage, malheureusement imparfait, du régime constitutionnel et du régime représentatif, apprentissage pendant lequel se sont accomplies les deux révolutions qui ont détrôné successivement le principe de la légitimité et la royauté quasi légitimée.

Ainsi, depuis son origine jusqu'à ce jour, les destinées de la France ont subi tour à tour les fatales vicissitudes qui découlent de l'injustice, des excès et de l'instabilité.

Il est donc bien évident que ce n'est qu'en confiant désormais son avenir à la garde vigilante et rigoureuse des *principes conservateurs inviolables* que le peuple français, si longtemps opprimé, exploité, balloté sous tant de formes différentes, pourra, en échappant aux influences pernicieuses de l'instabilité, cesser d'être la proie et le jouet de l'ambition, de la cupidité et du charlatanisme *sur la terre ferme de la stabilité et de la légalité*, et réaliser enfin les fruits abondants et bienfaisants de *la paix, de la sécurité* et *de l'équité*.

DE L'ÉQUILIBRE SOCIAL.

Si la loi naturelle du progrès, l'ambition et la mobilité des hommes préparent les révolutions, d'un autre côté l'injustice et l'imprévoyance des gouvernemens les favorisent; ce sont enfin les circonstances accessoires qui les font aboutir.

Heureux les peuples dont les gouvernements prévoyants, animés du saint amour de la patrie, les yeux toujours fixés sur la boussole et se dirigeant d'après les règles fixes de l'équilibre, savent tenir le gouvernail d'une main capable et ferme , afin d'épargner au navire de l'État les périls de la tempête et les horreurs du naufrage : car les révolutions sont au corps social ce que les naufrages sont aux navires et ce que les maladies graves sont aux individus.

Une seule rupture violente de l'équilibre suffit pour tuer ; il est difficile et rare que la plus robuste constitution puisse en supporter plusieurs réitérées sans succomber.

L'histoire a enregistré les nombreuses et puissantes nations qui ont disparu dans le vaste gouffre de l'oubli, parce que, au lieu de fonder leur équilibre en procédant avec sagesse aux améliorations commandées par la loi du progrès, elles se sont abandonnées avec une fatale légèreté au dissolvant mortel des révolutions successives.

Si au XIXᵉ siècle, après tant d'épreuves cruelles, les leçons du passé pouvaient demeurer stériles, la postérité ne serait-elle pas en droit de condamner la coupable insouciance des nations qui auraient dédaigné d'en profiter ?

Les hommes éminens qui ont présidé aux destinées de la France depuis 1830 ont commis une double faute, en préférant l'intrigue aux principes, qui seuls offrent de la stabilité, ensuite par leur ignorance ou leur dédain de la science économique.

Une paix prolongée, la liberté de la presse, l'accroissement rapide de la population, et la propagation de l'enseignement, commandaient impérieusement de la sincérité dans le gouvernement, pour fortifier le pouvoir par la considération publique, et en même temps l'extension progressive du débouché, afin d'employer et diriger utilement la sève exubérante du pays.

Ne pas élever de digue lorsque le flot monte et avec lui le danger de l'inondation, c'est plus que de la témérité.

La France est essentiellement agricole, industrielle et commerciale; le commerce, la circulation et le débouché sont les éléments indispensables de sa vie, les conditions premières de sa force, les sources réelles de la richesse et du bien être de ses habitants.

Or, la première condition *du travail*, c'est-à-dire de la production, c'est *la sécurité*, de même que *le bon marché réel* est la première condition du *débouché*.

Pour pouvoir produire *à bon marché*, il faudrait que les matières premières ne fussent plus à des prix aussi élevés et que l'ouvrier pût vivre à meilleur compte, le fabricant français n'ayant la possibilité de soutenir la concurrence de l'étranger que par la diminution des salaires.

Pendant longtemps l'on a fermé les yeux à ces deux graves enseignements:

Que lorsque la guerre à coups de canon à cessé en Europe, celle des tarifs et de la concurrence entre les peuples producteurs l'a **remplacée**;

Que l'asphyxie agricole, industrielle et commerciale favorise les révolutions, parce que les bras inoccupés appartiennent à ceux qui les payent, *même avec de fausses promesses!*

Le débouché est donc la véritable soupape de sûreté! A moins de vouloir toujours tourner dans le même cercle vicieux, d'engendrer la misère par un mauvais régime administratif, des révolutions par la misère, enfin une misère plus grande encore à la suite des révolutions, la première sollicitude des nouveaux mandataires de la France doit être de procurer *la vie à bon marché et de favoriser le travail* et le débouché par l'abaissement du prix des matières premières et des denrées alimentaires, au moyen d'un régime de douanes, de contributions indirectes et d'octrois *plus en harmonie avec les besoins du pays*(1).

L'équité, l'humanité, la moralité, l'expérience, la prudence et l'intérêt général, conseillent *d'alléger le plus possible l'impôt sur les sources du travail et de l'existence de l'homme, pour le transporter sur la fortune acquise,* c'est-à-dire sur qui peut le porter facilement et sans diminuer le bien être général et le capital national.

Ce serait enfin réaliser l'art. 15 de la Constitution, précédemment art. 2 de la Charte constitutionnelle, « que chacun contribuera à l'impôt en proportion de ses facultés ; » ce serait en même temps, en y ajoutant des encouragements sérieux en faveur de l'épargne et de la mutualité ainsi que la réduction à quatre pour cent du taux actuel de l'intérêt sur les prêts sur gages dans les Mont-de-Piété, le meilleur auxiliaire en faveur du droit au travail et de l'art. 13 sur l'assistance publique ; ce serait, tranchons le mot, donner une tardive satisfaction aux intérêts matériels négligés par une routine administrative qui a déjà coûté à la France plusieurs milliards et deux révolutions.

Il serait déplorable, en vérité, pour l'honneur administratif de la France, que l'on fût en droit de penser que les révolutions y sont plus faciles et plus fréquentes que les saines réformes.

Depuis douze ans, nous n'avons pas cessé de répéter « que répandre la moralité et le bien-être matériel dans les masses, serait la

---

(1) Nous avons publié le 15 avril 1848 un travail spécial sous ce titre : *Moyens pratiques d'améliorer la situation de l'Agriculture, du Commerce et des Consommateurs en France, sans diminuer les ressources du Trésor.*

plus solide garantie de prospérité pour le pays et de sécurité pour son gouvernement. »

Autant a été grande notre persévérance à solliciter des dégrèvements d'impôt susceptibles d'augmenter les consommations et de diminuer la fraude, autant nous avons jugé essentiel de les limiter aux proportions d'un meilleur équilibre, l'excès des réformes, aussi bien que l'excès dans l'impôt, étant également une cause de perturbation ; la première pour les finances du pays, et la seconde pour ses intérêts généraux. Toute la science financière et politique, consiste à trouver et à conserver l'équilibre, toujours très-difficile à rétablir lorsqu'il a été rompu.

L'importance de l'équilibre est d'autant plus facile à comprendre, qu'il est la première condition de durée pour tout ce qui existe, le globe lui-même étant soumis à cette loi immuable de l'ordre et de l'harmonie.

Pour être conséquent, *l'ordre*, ce synonime de l'harmonie et de l'équibre lorsqu'il est *l'ordre parfait*, devrait régner, non-seulement à la surface, mais jusque dans les entrailles même du pays.

Par malheur l'orgueil humain est si grand, qu'il prétend le plus souvent substituer sa propre loi à celle écrite dans le livre de la **nature.**

Comment l'aveuglement de la vanité n'existerait-il pas, lorsqu'il peut encore se rencontrer de cyniques blasphémateurs qui, dans l'espoir de se faire à tout prix une triste célébrité, ont l'estravagante perversité de nier l'existence de Dieu, ou de dire: « Dieu, c'est le mal ! »

Malgré ces méprisables bravades, le ciel et la terre n'en continuent pas moins à refléter à chaque pas aux yeux et à la conscience des hommes, l'immense puissance et les bienfaits de la Divinité.

Aussi l'équilibre, cette pensée du Créateur, révélée dans son œuvre, doit-il être la première loi des nations qui veulent prospérer et vivre à long terme.

En finances, le meilleur équilibre dans l'impôt , c'est le milieu qui met obstacle à la fraude et favorise le développement naturel du débouché,

Quant à l'équilibre social dans les pays agricoles, industriels et commerciaux, possédant le régime représentatif et la liberté de la presse, *cet équilibre repose sur trois colonnes fondamentales : la colonne de l'ordre matériel, la colonne de la prospérité agricole, industrielle et commerciale,* enfin *la colonne de l'ordre moral,* correspondant aux trois premiers besoins des sociétés, la *sécurité,* la *faim* et la *foi.* Ou, si l'on préfère une autre définition, *l'hygiène sociale, l'hygiène du corps* et *l'hygiène de l'âme.*

Plus les deux dernières colonnes sont faibles, plus la première a besoin d'être fortifiée : au contraire, plus elles seront solides, plus alors la dépense énorme qu'entraîne l'ordre matériel pourra être diminuée sans inconvénient.

L'ordre matériel est l'équilibre forcé des peuples qui ne sont pas encore mûrs pour le régime représentatif, ou bien encore de ceux qui, ayant l'avantage de le posséder, n'en jouissent qu'imparfaitement, soit qu'ils ne le pratiquent pas exactement selon la nature de ses fonctions dans le mécanisme gouvernemental, soit parce qu'ils ne possèdent pas l'ordre moral.

La *prospérité agricole, industrielle et commerciale,* est le résultat de l'équilibre entre la production, la population et le débouché.

Enfin l'*ordre moral* réside dans la rigoureuse observation du contrat synallagmatique entre la nation et son gouvernement, et qui établit leurs droits et devoirs respectifs.

L'ordre moral constitue cette foi ou esprit public qu'en temps de guerre on nomme honneur, et qui en temps de paix ne peut se traduire que par la probité dans les actes publics et privés.

C'est cette probité publique et privée qui seule engendre le respect humain, sans lequel une société qui cesse de se respecter prospère difficilement.

Le bon citoyen s'incline avec bonheur devant ses deux souverains naturels, Dieu et la loi.

Sans l'ordre moral, la liberté dégénère bientôt en licence ; la liberté ne pouvant longtemps exister là où ce mot se trouve dans toutes les bouches, et en même temps l'envie de dominer dans tous les cœurs.

L'honnêteté des formes sans l'honnêteté du fond, c'est du charlatanisme et de l'hypocrisie.

C'est ce qui fit dire à Barbaroux le Girondin , cet apôtre de la liberté, qui paya cet amour de sa tête : « Si je devais recommencer ma vie, je ne m'aviserais jamais de vouloir conduire à la liberté un peuple sans mœurs. »

La France a secoué successivement la foi religieuse, la foi chevaleresque, la foi monarchique et la foi dans la royauté constitutionnelle : il ne lui reste donc plus comme foi publique d'autres points d'appui et de ralliement que ceux de la *loi* et de l'*intérêt général*, qui se résument dans ces deux mots : l'*ordre moral*.

L'*ordre moral* est synonyme de *patriotisme* ainsi que de *mutualité* : c'est *une franc-maçonnerie naturelle à la face du ciel*, ayant pour but la *conservation de l'honneur, de la prospérité et de l'existence du pays*.

De l'autre côté du détroit, aussi bien que de l'autre coté de l'Atlantique, *cette mutualité* fait de tout citoyen requis au nom de la loi un *constable*, un défenseur intrépide et dévoué des lois de son pays, tandis qu'en France, par les fautes de ses gouvernements successifs, il est rare que les représentants du pouvoir et les agents de la force publique rencontrent respect, sympathie et concours parmi les populations.

Depuis plusieurs années, l'on répète hautement que les grands citoyens, les hommes publics éminents, sont rares en France. M. Guizot lui-même en convient dans son livre sur la démocratie ; ce malheur national immense, infini, provient uniquement de la faiblesse de l'ordre moral.

Il est incontestable que les sociétés qui ont la fatalité de fouler aux pieds l'ordre moral ressemblent à un navire démâté exposé sans ancres de sauvetage à tous les caprices du perfide élément.

L'Amérique, véritable démocratie, soumise au régime représentatif avec deux chambres et un président électifs, avance d'un pas de géant dans la puissance et la prospérité, parce que son équilibre, fondé sur la prospérité agricole, industrielle et commerciale, ainsi que sur le respect de la loi, est à la fois solide et peu dispendieux.

L'Angleterre, peuple positif qui, le premier, a fait l'application du régime représentatif avec la royauté et deux chambres, a réussi, malgré le fardeau de l'Irlande et les imperfections de sa constitution aristo-démocratique à créer une puissance colossale et à maintenir son équilibre, au moyen de l'ordre moral et de la prospérité agricole, industrielle et commerciale.

Sur une moindre échelle, la Belgique, la Suisse et la Hollande offrent également l'exemple de nations qui savent conserver économiquement leur équilibre et concilier le bien-être avec la liberté.

Dans les pays ou, comme en France, le progrès des institutions et de la presse ont devancé l'ordre moral et l'instruction générale, les partis et les hérésies quotidiennes qu'ils répandent ont beau jeu pour troubler l'ordre social au profit de quelques ambitieux, et en mutilant les institutions au lieu de les perfectionner.

La France est cependant une terre privilégiée où tout ce qui est noble, grand, bon et généreux germe pour ainsi dire tout naturellement, et se développe d'autant plus facilement. Par quelle fatalité le pouvoir n'a-t-il donc pas compris que *le culte de l'ordre moral* non-seulement était préférable à tous égards à *celui des intérêts matériels*, mais serait encore son plus solide point d'appui par la considération, l'intérêt et l'amour du peuple ?

L'ordre moral doit être le drapeau de la France ; alors elle possédera bien réellement l'ordre public.

Pendant nombre de siècles, les gouvernés ont pu voir dans leurs gouvernants des maîtres absolus, injustes ou indifférents à leur bien-être ; en revanche, ils se sont donné la satisfaction de les maudire et de les renverser chaque fois qu'ils en ont trouvé l'occasion.

Avec le régime représentatif *sérieusement compris et sérieusement pratiqué* peut s'ouvrir enfin pour la France *l'ère féconde et bienfaisante de la stabilité*, parce que son gouvernement, ainsi basé sur l'intérêt de tous, tendrait à réaliser le but logique et moral, de son existence, en remplissant à l'égard de la nation, les fonctions sacrées d'une *institution de protection générale du capital national.*

La contribution annuelle formant le fonds spécial qui, sous le nom de budget, sert à couvrir les frais d'administration, cessera d'être envisagée par les contribuables sous le point de vue antipathique de l'impôt, aussitôt qu'une répartition parfaitement équitable des charges publiques en fera *une véritable prime d'assurances,* que chacun trouvera juste et peu onéreux d'acquitter, d'autant plus qu'une nation, pour la protection de ses intérêts, ne peut pas plus se passer d'un gouvernement régulier qu'un train de wagons sur un chemin de fer ne peut se passer d'une locomotive.

Sous l'empire du régime représentatif, la situation respective des gouvernants et des gouvernés correspond matériellement à celle des actionnaires et de leur gérance : il y a donc de part et d'autre usurpation dans la violation réciproque de leur contrat librement accepté, et crime de lèse-nation au préjudice de 36 millions de producteurs et de consommateurs qui, sur la foi jurée des statuts sociaux, se livrent en toute confiance à l'exploitation de leur contingent individuel dans le capital national.

La généralisation de l'instruction et le fonctionnement régulier du mécanisme gouvernemental, feront mieux comprendre à l'avenir, la solidarité intime qui existe entre les intérêts privés et l'intérêt général, ainsi que l'appui réciproque qu'ils se doivent, conséquemment la nécessité pour chacun de contribuer de tous ses efforts à la conservation de l'équilibre social.

L'ÉQUILIBRE GOUVERNEMENTAL.

Il n'existe que quatre manières de gouverner :

Révolutionnairement, c'est-à-dire par la terreur, l'arbitraire et la violence substitués au droit ; .

Despotiquement, soit par l'absolutisme et la compression substitués à la justice ;

Par le charlatanisme, c'est-à-dire par l'intrigue et les intérêts privés substitués à la moralité et aux intérêts généraux ;

Enfin, par l'équité et la régularité, c'est-à-dire par le respect scrupuleux des institutions et des intérêts de tous.

Le fonds a plus d'importance que la forme ; les faits en ont plus que les mots, *du moins cela devrait-il être !* aussi n'est-ce pas de la forme que nous voulons traiter ici ; à la majorité légale de la nation seule il appartient de se prononcer sur la forme de gouvernement qui lui convient le mieux ; le citoyen n'a plus qu'à se soumettre au jugement du pays.

Ainsi nous n'entendons parler que du mode de gouvernement, parce que c'est du mode, c'est-à-dire du fond, que dépend principalement l'équilibre, n'importe sous quelle forme de gouvernement.

L'histoire des soixante dernières années, suffit pour permettre d'apprécier avec connaissance de cause, celui des quatre modes mentionnés ci-dessus, qui renferme le meilleur équilibre, comme étant le plus conforme à la dignité et aux droits naturels d'une grande nation.

L'intérêt des gouvernements despotiques est de se faire craindre, l'intérêt des gouvernements constitutionnels et représentatifs est de se faire estimer et aimer.

Le véritable perfectionnement *dont le pays avait besoin ne saurait donc exister*, ni dans des réminiscences malheureuses, ni dans des théories incomprises dont aucune application antérieure ne justifie le mérite, *mais bien dans la vérité, dans l'application mieux comprise, plus fructueuse du mécanisme gouvernemental* depuis longtemps expérimenté, et dont l'importation en France n'a pas produit depuis trente-cinq ans, les avantages considérables que le pays aurait dû en retirer.

Malgré les modifications importantes que la révolution de Février a fait subir à ce mécanisme, elle en a respecté le principe et la base ; c'est le moins qu'elle pouvait faire, car de tous les mécanismes gouvernementaux, *celui qui pivote sur l'axe du régime représentatif, sérieusement pratiqué*, offre les garanties les plus favorables au maintien de l'équilibre, parce que dans ce mécanisme, l'Assemblée des mandataires du pays correspond, sauf la majesté qu'elle emprunte à l'importance des intérêts et des opérations, aux conseils supérieurs d'administration et de surveillance en vigueur dans les grandes entreprises financières et industrielles, et qui leur assurent une marche régulière et productive au profit de tous les intéressés, lorsque ces conseils sont composés d'hommes spéciaux, d'une irréprochable probité.

Il faudrait être aveugle pour ne pas reconnaître que le même mécanisme, appliqué, sous différentes dénominations, à de petites ou à une grande exploitation, doit néanmoins obéir à la même loi de régularité, à plus forte raison quand celles où il fonctionne régulièrement donnent des résultats substantiels, et celle où il fonctionne mal, finirait par compromettre entièrement le capital national, après l'avoir déjà considérablement amoindri.

Rien n'est plus évident que les fonctions normales de ce mécanisme, en ramenant toujours par comparaison ses diverses parties aux termes simples d'actionnaires, de gérance et de conseil supérieur d'administration et de surveillance : il devient alors difficile d'équivoquer sur la nature logique et morale de leurs attributions respectives.

Mais les lois naturelles ou écrites ne suffisent pas, il faut encore les éxécuter.

La nation est souveraine, par cela seul qu'elle paye son gouvernement ; elle l'est à un double titre, lorsqu'elle le nomme, mais par l'élection de mandataires de son choix elle abdique volontairement par l'organe de la majorité légale, et pour un temps déterminé, son droit de souveraineté entre les mains de ceux auxquels elle délègue le pouvoir souverain.

Jusqu'à l'expiration de ces mandats volontaires et non révocables, tout citoyen a le droit de penser s'il est bien ou mal représenté ou administré *afin de s'en souvenir aux jours des élections ;* en attendant il doit respect et obéissance au pouvoir de son choix, sous peine de forfaire à ses obligations et aux intérêts de la majorité nationale.

Le droit électoral est donc une arme à deux tranchants, dont l'électeur doit apprendre à se servir dans son propre intérêt et dans celui du pays : c'est dans l'usage intelligent de ce droit que réside l'avenir de la France.

Au premier aspect, on est tenté de penser que dans un pays agricole, industriel et commercial, les mandataires du pays doivent être des hommes spéciaux et pratiques, offrant la garantie d'une vie entière de loyauté et de probité, et auxquels, le cas échéant, *chaque électeur confierait aveuglément sa fortune et son honneur,*

N'y aurait-il pas, en effet, aberration de jugement d'abandonner les destinées d'un grand pays, sa propre existence et l'avenir de sa famille, c'est-à-dire jusqu'au sort de ses enfants, à des hommes auxquels cependant on ne se sentirait pas tout disposé à donner en dépôt sa fortune et son honneur personnels ?

Ne serait-il pas étrange encore de remettre une si haute mission, qui exige une grande expérience dans le maniement des affaires à qui n'aurait pas même su bien gérer ses intérêts particuliers?

C'est un sujet sur lequel les électeurs ne sauraient trop s'appesantir, à cause des conséquences incalculables que peuvent entraîner de bonnes ou de mauvaises élections.

Quant au mandat du représentant, quoiqu'il ne puisse être impératif, il n'en renferme pas moins la clause tacite, obligatoire et universelle de se consacrer légalement, exclusivement, même avec sacrifice de ses intérêts, à la plus grande prospérité de la France; de même le mandat des membres du Conseil d'administration et de surveillance des grandes entreprises industrielles consiste à prévenir les abus et à favoriser l'importance des bénéfices.

On ne comprendrait pas qu'une partie des membres du Conseil d'administration de la banque de France, des compagnies d'assurances et des chemins de fer, fût systématiquement occupée à entraver la gérance dans le but personnel de la supplanter. et en portant le plus grand préjudice aux intérêts de l'exploitation, attendu que la domination des intérêts égoïstes sur l'intérêt général serait la ruine inévitable de ces grandes entreprises.

D'un autre côté, l'on ne comprendrait pas mieux qu'une partie des actionnaires fût également toujours disposée à combattre la marche des opérations régulières et profitables, dans l'espoir de se procurer quelques bénéfices illicites au détriment de la masse.

Dans les exploitations industrielles régulièrement administrées ces abus monstrueux n'ont pas lieu, à cause de la probité des gérans et des membres du Conseil d'administration, de l'intelligence des actionnaires, enfin de la juste sévérité des lois à l'égard de ceux qui en abusant nuisent à l'intérêt général.

En matière politique en France, plusieurs causes principales favorisent l'agitation et le désordre: l'ignorance politique de la majorité des électeurs, une ambition démesurée de parvenir et de se maintenir au pouvoir, enfin l'insuffisance des lois de responsabilité à l'égard de ceux qui influent directement sur le sort de 36 millions de citoyens.

Tant que ces lois de responsabilité, depuis le sommet jusqu'à la base de la société, ne seront pas proportionnées à la gravité du préjudice causé à l'immense majorité de la nation, qui compte un si grand nombre de malheureuses et innocentes victimes des perturbations violentes et ruineuses, des ambitieux, des idéologues, des brouillons, des spéculateurs, enfin tous les mauvais citoyens, ne se feront aucun scrupule de poursuivre leurs vues personnelles au préjudice de l'intérêt général, et de sacrifier des milliers d'existences au jeu barbare des révolutions.

Tandis qu'il aurait fallu simultanément développer tous les germes et les élémens de bien-être national et y restreindre le plus possible la liberté de nuire aux intérêts généraux, c'est absolument l'inverse qu'on a fait, aussi de quoi n'a-t-on pas abusé ! ! !

L'équilibre social et l'équilibre gouvernemental étant solidaires, on ne saurait aviser trop tôt et trop radicalement à les consolider par des améliorations financières et morales, ainsi que par de bonnes lois de responsabilité.

C'est en aidant avec une entière bonne foi, en dépit des passions, des erreurs et des intérêts privés, au triomphe *de la vérité sur le mensonge*, que le véritable socialisme doit contribuer à fortifier l'équilibre social, affermissement dont dépendent le repos et la prospérité des nations.

DAVID MACAIRE.

Auteur de plusieurs écrits en faveur de la réduction des droits sur les vins et sur quelques autres articles de grande consommation.

Paris, 25 Juillet 1849.

TABLE DES MATIÈRES.

195